school - школа	2
travel - путешествие	5
transport - транспорт	8
city - город	10
landscape - ландшафт	14
restaurant - ресторан	17
supermarket - супермаркет	20
drinks - напитки	22
food - еда	23
farm - ферма	27
house - дом	31
living room - гостиная	33
kitchen - кухня	35
bathroom - ванная комната	38
child's room - детская комната	42
clothing - одежда	44
office - офис	49
economy - экономика	51
occupations - профессии	53
tools - инструменты	56
musical instruments - музыкальные инструменты	57
zoo - зоопарк	59
sports - спорт	62
activities - действия	63
family - семья	67
body - тело	68
hospital - больница	72
emergency - неотложный случай	76
Earth - земля	77
clock - часы	79
week - неделя	80
year - год	81
shapes - формы	83
colours - цвета	84
opposites - противоположности	85
numbers - цифры	88
languages - языки	90
who / what / how - кто / что / как	91
where - где	92

Impressum
Verlag: BABADADA GmbH, Nedderfeld 112 , 22529 Hamburg
Geschäftsführer / Verlagsleitung: Harald Hof
Druck: Books on Demand GmbH, In de Tarpen 42, 22848 Norderstedt

Imprint
Publisher: BABADADA GmbH, Nedderfeld 112 , 22529 Hamburg, Germany
Managing Director / Publishing direction: Harald Hof
Print: Books on Demand GmbH, In de Tarpen 42, 22848 Norderstedt, Germany

classroom
классная комната

divide
делить

186/2

board
доска

school yard
школьный двор

teacher
учитель

paper
бумага

write
писать

pen
ручка

desk
письменный стол

ruler
линейка

book
книга

pupil
ученик

satchel

ранец

pencil case

пенал

pencil

карандаш

pencil sharpener

точилка

rubber

ластик

drawing pad

альбом для рисования

drawing

рисунок

paintbrush

кисточка

paint box

коробка красок

scissors

ножницы

glue

клей

exercise book

тетрадь

homework

домашняя работа

number

цифра

add

прибавлять

subtract

вычитать

multiply

умножать

calculate

считать

letter

буква

alphabet

алфавит

word

слово

text

текст

read

читать

chalk

мел

lesson

урок

register

классный журнал

exam

экзамен

certificate

диплом

school uniform

школьная форма

education

образование

encyclopedia

энциклопедия

university

университет

microscope

микроскоп

map

карта

paper bin

корзина для бумаг

hotel
гостиница

hostel
турбаза

bureau de change
пункт обмена валюты

suitcase
чемодан

car
автомобиль

language

язык

yes / no

да / нет

Okay

хорошо

hello

Привет

translator

переводчик

Thank you

Спасибо

how much does ... cost?

Сколько стоит...?

I do not understand

Я не понимаю

problem

проблема

Good evening!

Добрый вечер!

Good morning!

Доброе утро!

Good night!

Доброй ночи!

bye bye

До свидания

direction

направление

luggage

багаж

bag

сумка

backpack

рюкзак

guest

гость

room

комната

sleeping bag

спальный мешок

tent

палатка

6

travel - путешествие

tourist information

туристическая
информация

beach

пляж

credit card

кредитная карточка

breakfast

завтрак

lunch

обед

dinner

ужин

ticket

билет

lift

лифт

stamp

почтовая марка

border

граница

customs

таможня

embassy

посольство

visa

виза

passport

паспорт

travel - путешествие

aeroplane
самолёт

ship
корабль

fire engine
пожарный автомобиль

bus
автобус

truck
грузовик

motorboat
моторная лодка

bike
велосипед

car
автомобиль

ferry

п아ром

boat

лодка

motorbike

мотоцикл

police car

полицейский автомобиль

racing car

гоночный автомобиль

rental car

арендованный
автомобиль

car sharing

совместное пользование
автомобилями

breakdown truck

буксировочный
автомобиль

refuse truck

мусоровоз

motor

двигатель

fuel

топливо

petrol station

заправка

traffic sign

дорожный знак

traffic

движение

traffic jam

пробка

car park

автостоянка

train station

вокзал

tracks

рельсы

train

поезд

tram

трамвай

carriage

вагон

helicopter

вертолёт

airport

аэропорт

tower

вышка

passenger

пассажир

container

контейнер

carton

коробка

cart

тележка

basket

корзина

take off / land

взлетать / приземляться

city

город

village

деревня

city centre

центр города

house

дом

cinema
кинотеатр

advert
реклама

street light
уличный фонарь

CINEMA

street
улица

taxi
такси

snack shop
киоск

pedestrian
пешеход

pavement
тротуар

zebra crossing
пешеходный переход

bin
мусорное ведро

crossing
перекрёсток

traffic lights
светофор

hut

хижина

flat

квартира

train station

вокзал

town hall

ратуша

museum

музей

school

школа

city - город

university

университет

bank

банк

hospital

больница

hotel

гостиница

pharmacy

аптека

office

офис

book shop

книжный магазин

shop

магазин

florist's

цветочный магазин

supermarket

супермаркет

market

рынок

department store

универмаг

fishmonger's

торговец рыбой

shopping centre

торговый центр

harbour

порт

park

парк

bench

скамейка

bridge

мост

stairs

лестница

underground

метро

tunnel

тоннель

bus stop

автобусная остановка

bar

бар

restaurant

ресторан

postbox

почтовый ящик

road sign

табличка с названием
улицы

parking meter

паркометр

zoo

зоопарк

swimming pool

бассейн

mosque

мечеть

farm

ферма

pollution

загрязнение окружающей среды

graveyard

кладбище

church

церковь

playground

детская площадка

temple

храм

landscape

ландшафт

leaf
лист

signpost
дорожный указатель

way
дорога

meadow
луг

stone
камень

tree
дерево

hiker
путешественник

river
река

grass
трава

flower
цветок

valley

долина

hill

гора

lake

озеро

forest

лес

desert

пустыня

volcano

вулкан

castle

замок

rainbow

радуга

mushroom

гриб

palm tree

пальма

mosquito

комар

fly

муха

ant

муравей

bee

пчела

spider

паук

landscape - ландшафт

beetle

жук

frog

лягушка

squirrel

белка

hedgehog

еж

hare

заяц

owl

сова

bird

птица

swan

лебедь

boar

кабан

deer

олень

moose

лось

dam

плотина

wind turbine

ветряной генератор

solar panel

солнечная батарея

climate

климат

waiter
официант

menu
меню

chair
стул

soup
суп

pizza
пицца

cutlery
столовые приборы

tablecloth
скатерть

starter
закуска

main course
главное блюдо

dessert
десерт

drinks
напитки

food
еда

bottle
бутылка

fast food

фастфуд

street food

уличная еда

teapot

чайник

sugar bowl

сахарница

portion

порция

espresso machine

кофеварка

high chair

детский стульчик

bill

счет

tray

поднос

knife

нож

fork

вилка

spoon

ложка

teaspoon

чайная ложка

serviette

салфетка

glass

стакан

restaurant - ресторан

plate

тарелка

soup plate

суповая тарелка

saucer

блюдце

sauce

соус

salt cellar

солонка

pepper mill

мельница для перца

vinegar

уксус

oil

масло

spices

специи

ketchup

кетчуп

mustard

горчица

mayonnaise

майонез

supermarket

супермаркет

special offer
специальное предложение

customer
покупатель

dairy
молочные продукты

FOR

fruit
фрукты

trolley
тележка для покупок

butcher´s

мясной магазин

baker´s

пекарня

weigh

взвешивать

vegetables

овощи

meat

мясо

frozen food

быстрозамороженные
продукты

cold meat

нарезка

tinned food

консервы

washing powder

стиральный порошок

sweets

сладости

household products

предмет домашнего
обихода

cleaning products

моющее средство

salesperson

продавщица

till

касса

cashier

кассир

shopping list

список покупок

opening hours

время работы

wallet

бумажник

credit card

кредитная карточка

bag

сумка

plastic bag

полиэтиленовый пакет

supermarket - супермаркет

water

вода

juice

сок

milk

молоко

coke

кока-кола

wine

вино

beer

пиво

alcohol

алкоголь

cocoa

какао

tea

чай

coffee

кофе

espresso

эспрессо

cappuccino

капучино

banana

банан

apple

яблоко

orange

апельсин

melon

арбуз

lemon

лимон

carrot

морковь

garlic

чеснок

bamboo

бамбук

onion

лук

mushroom

гриб

nuts

орехи

noodles

лапша

spaghetti

спагетти

rice

рис

salad

салат

chips

картофель фри

fried potatoes

жареный картофель

pizza

пицца

hamburger

гамбургер

sandwich

сэндвич

cutlet

шницель

ham

ветчина

salami

салями

sausage

колбаса

chicken

курица

roast

жаркое

fish

рыба

porridge oats

овсяные хлопья

muesli

мюсли

cornflakes

кукурузные хлопья

flour

мука

croissant

круассан

bread roll

булочка

bread

хлеб

toast

тост

biscuits

печенье

butter

масло

curd

творог

cake

пирог

egg

яйцо

fried egg

яичница

cheese

сыр

ice cream

мороженое

sugar

сахар

honey

мёд

jam

мармелад

chocolate spread

крем с нугой

curry

карри

farmhouse
крестьянский дом

straw bale
тюк из соломы

barn
сарай

field
поле

horse
лошадь

trailer
прицеп

foal
жеребёнок

tractor
трактор

donkey
осёл

sheep
овца

lamb
ягнёнок

goat

коза

cow

корова

calf

телёнок

pig

свинья

piglet

поросёнок

bull

бык

goose

гусь

duck

утка

chick

цыплёнок

hen

курица

cock

петух

rat

крыса

cat

кошка

mouse

мышь

ox

вол

dog

собака

doghouse

конура

garden hose

садовый шланг

watering can

лейка

scythe

коса

plough

плуг

sickle

серп

hoe

мотыга

pitchfork

навозные вилы

axe

топор

wheelbarrow

тачка

trough

корыто

milk can

бидон для молока

sack

мешок

fence

забор

stable

хлев

greenhouse

теплица

soil

почва

seed

посев

fertilizer

удобрение

combine harvester

комбайн

farm - ферма

harvest

собирать урожай

harvest

урожай

yams

ямс

wheat

пшеница

soy

соя

potato

картофель

corn

кукуруза

rapeseed

рапс

fruit tree

фруктовое дерево

cassava

маниок

cereals

злаки

chimney
дымоход

roof
крыша

drain pipe
водосточный желоб

window
окно

garage
гараж

doorbell
звонок

door
дверь

rubbish bin
мусорное ведро

letterbox
почтовый ящик

garden
сад

living room

гостиная

bathroom

ванная комната

kitchen

кухня

bedroom

спальня

child's room

детская комната

dining room

столовая

floor

пол

wall

стена

ceiling

потолок

cellar

подвал

sauna

сауна

balcony

балкон

terrace

терраса

pool

бассейн

lawn mower

газонокосилка

sheet

пододеяльник

bedspread

покрывало

bed

кровать

broom

метла

bucket

ведро

switch

выключатель

wallpaper
обои

picture
рисунок

lamp
лампа

shelf
полка

cupboard
шкаф

fireplace
камин

television
телевизор

flower
цветок

cushion
подушка

sofa
диван

vase
ваза

remote control
пульт дистанционного управления

carpet

ковёр

curtain

штора

table

стол

chair

стул

rocking chair

кресло-качалка

armchair

кресло

book

книга

blanket

покрывало

decoration

украшение

firewood

дрова

film

фильм

hi-fi equipment

стереосистема

key

ключ

newspaper

газета

painting

картина

poster

плакат

radio

радио

notepad

блокнот

hoover

пылесос

cactus

кактус

candle

свеча

fridge
холодильник

microwave oven
микроволновая печь

kitchen scales
кухонные весы

toaster
тостер

detergent
моющее средство

oven
духовка

freezer
морозилка

rubbish bin
мусорное ведро

dishwasher
посудомоечная машина

cooker
....
плита

pot
....
кастрюля

cast-iron pot
....
чугунный котелок

wok / kadai
....
вок / кадай

pan
....
сковорода

kettle
....
чайник

steamer

пароварка

baking tray

противень

crockery

посуда

mug

кружка

bowl

миска

chopsticks

палочки для еды

ladle

половник

spatula

лопатка

whisk

сбивалка

strainer

сито

sieve

сито

grater

тёрка

mortar

ступка

barbecue

гриль

open fire

костёр

chopping board

доска

rolling pin

скалка

corkscrew

штопор

can

жестяная банка

can opener

консервный нож

pot holder

прихватка

sink

раковина

brush

щетка

sponge

губка

blender

миксер

deep freezer

морозильная камера

baby bottle

бутылочка для кормления

tap

кран

heating
отопление

shower
душ

towel
полотенце

shower curtain
душевая занавеска

bubble bath
пенистая ванна

bathtub
ванна

glass
стакан

washing machine
стиральная машина

tap
кран

tiles
плитка

potty
горшок

sink
раковина

toilet

туалет

squat toilet

напольный унитаз

bidet

биде

urinal

писсуар

toilet paper

туалетная бумага

toilet brush

ершик

toothbrush

зубная щетка

toothpaste

зубная паста

dental floss

зубная нить

wash

мыть

handheld shower

ручной душ

douche

интимный душ

basin

таз

back brush

щетка для спины

soap

мыло

shower gel

гель для душа

shampoo

шампунь

flannel

мочалка

drain

сток

cream

крем

deodorant

дезодорант

mirror

зеркало

hand mirror

ручное зеркало

razor

бритва

shaving foam

пена для бритья

aftershave

лосьон после бритья

comb

расческа

brush

щетка

hair dryer

фен

hairspray

лак для волос

makeup

косметика

lipstick

губная помада

nail varnish

лак для ногтей

cotton wool

вата

nail scissors

маникюрные ножницы

perfume

духи

washbag

косметичка

stool

табуретка

weighing scale

весы

bathrobe

халат

rubber gloves

резиновые перчатки

tampon

тампон

sanitary towel

гигиеническая прокладка

chemical toilet

биотуалет

alarm clock
будильник

cuddly toy
мягкая игрушка

toy car
игрушечный автомобиль

rattle
погремушка

doll's house
кукольный домик

present
подарок

balloon

воздушный шар

bed

кровать

pram

детская коляска

deck of cards

карточная игра

jigsaw

пазл

comic

комикс

lego bricks

кирпичики Лего

building blocks

кубики

action figure

игрушечная фигурка

romper suit

ползунки

Frisbee

фрисби

mobile

мобиле

board game

настольная игра

dice

кубик

model train set

модель железной дороги

dummy

соска

party

вечеринка

picture book

книга с картинками

ball

мяч

doll

кукла

play

играть

sandpit

песочница

swing

качели

toys

игрушка

video game console

игровая приставка

tricycle

трёхколесный велосипед

teddy bear

плюшевый медвежонок

wardrobe

шкаф для одежды

clothing

одежда

socks

носки

stockings

чулки

tights

колготки

scarf
шарф

belt
ремень

umbrella
зонтик

t-shirt
футболка

boots
сапоги

slippers
тапки

trainers
кроссовки

sandals

сандалии

shoes

ботинки

rubber boots

резиновые сапоги

underpants

трусы

bra

бюстгальтер

vest

майка

clothing - одежда

body

боди

trousers

брюки

jeans

джинсы

skirt

юбка

blouse

блузка

shirt

рубашка

pullover

свитер

hoodie

свитер

blazer

спортивная куртка

jacket

жакет

coat

пальто

raincoat

плащ

costume

костюм

dress

платье

wedding dress

свадебное платье

suit

мужской костюм

nightgown

ночная сорочка

pyjamas

пижама

sari

сари

headscarf

платок

turban

тюрбан

burqa

паранджа

kaftan

кафтан

abaya

абайя

swimsuit

купальник

trunks

плавки

shorts

шорты

tracksuit

спортивный костюм

apron

фартук

gloves

перчатки

button

пуговица

glasses

очки

bracelet

браслет

necklace

цепочка

ring

кольцо

earring

серьга

cap

шапка

coat hanger

вешалка

hat

шляпа

tie

галстук

zipper

застежка молния

helmet

шлем

braces

подтяжки

school uniform

школьная форма

uniform

форма

bib

детский нагрудник

dummy

соска

nappy

подгузник

server
сервер

filing cabinet
канцелярский шкаф

printer
принтер

paper
бумага

monitor
монитор

mouse
мышь

desk
письменный стол

folder
папка

keyboard
клавиатура

paper bin
корзина для бумаг

chair
стул

computer
компьютер

coffee mug

кофейная кружка

calculator

калькулятор

internet

интернет

laptop

ноутбук

letter

письмо

message

сообщение

mobile

мобильный телефон

network

сеть

photocopier

ксерокс

software

программа

telephone

телефон

plug socket

розетка

fax machine

факс

form

формуляр

document

документ

buy

покупать

pay

платить

trade

торговать

money

деньги

dollar

доллар

euro

евро

yen

иена

rouble

рубль

Swiss franc

франк

renminbi yuan

жэньминьби юань

rupee

рупия

cashpoint

банкомат

bureau de change

пункт обмена валюты

gold

золото

silver

серебро

oil

нефть

energy

энергия

price

цена

contract

договор

tax

налог

stock

акция

work

работать

employee

служащий

employer

работодатель

factory

фабрика

shop

магазин

economy - экономика

police officer
милиционер

fireman
пожарный

cook
повар

doctor
врач

pilot
пилот

gardener

садовник

carpenter

столяр

seamstress

швея

judge

судья

chemist

химик

actor

актёр

bus driver

водитель автобуса

taxi driver

таксист

fisherman

рыбак

cleaning lady

уборщица

roofer

кровельщик

waiter

официант

hunter

охотник

painter

художник

baker

пекарь

electrician

электрик

builder

строитель

engineer

инженер

butcher

мясник

plumber

сантехник

postman

почтальон

soldier

солдат

architect

архитектор

cashier

кассир

florist

флорист

hairdresser

парикмахер

conductor

кондуктор

mechanic

механик

captain

капитан

dentist

зубной врач

scientist

ученый

rabbi

раввин

imam

имам

monk

монах

clergyman

священник

hammer
молоток

pliers
плоскогубцы

screwdriver
отвёртка

spanner
гаечный ключ

torch
карманный фо

digger

экскаватор

toolbox

ящик для инструментов

ladder

стремянка

saw

пила

nails

гвозди

drill

дрель

repair

ремонтировать

shovel

лопата

Damn!

Блин!

dustpan

совок

paint pot

ведро с краской

screws

винты

musical instruments
музыкальные инструменты

drum kit
ударный инструмент

loudspeaker
громкоговоритель

guitar
гитара

double bass
контрабас

trumpet
труба

piano

пианино

violin

скрипка

bass

бас-гитара

timpani

литавры

drums

барабан

keyboard

синтезатор

saxophone

саксофон

flute

флейта

microphone

микрофон

tiger
тигр

entrance
вход

cage
клетка

zebra
зебра

animal feed
корм

panda
панда

animals

животные

elephant

слон

kangaroo

кенгуру

rhino

носорог

gorilla

горилла

bear

медведь

camel

верблюд

ostrich

страус

lion

лев

monkey

обезьяна

flamingo

фламинго

parrot

попугай

polar bear

белый медведь

penguin

пингвин

shark

акула

peacock

павлин

snake

змея

crocodile

крокодил

zookeeper

служитель зоопарка

seal

тюлень

jaguar

ягуар

pony

пони

leopard

леопард

hippo

бегемот

giraffe

жираф

eagle

орёл

boar

кабан

fish

рыба

turtle

черепаха

walrus

морж

fox

лиса

gazelle

газель

American football
американский футбол

cycling
езда на велосипеде

tennis
теннис

basketball
баскетбол

swimming
плавание

boxing
бокс

ice hockey
хоккей

football
футбол

badminton
бадминтон

athletics
лёгкая атлетика

handball
гандбол

skiing
лыжный спорт

polo
поло

jump
прыгать

laugh
смеяться

hug
обнимать

walk
идти

sing
петь

dream
мечтать

pray
молиться

kiss
целовать

write	draw	show
писать	рисовать	показывать

push	give	take
нажимать	давать	брать

have

иметь

do

делать

be

быть

stand

стоять

run

бежать

pull

тянуть

throw

бросать

fall

падать

lie

лежать

wait

ждать

carry

носить

sit

сидеть

get dressed

надевать

sleep

спать

wake up

просыпаться

look at

рассматривать

cry

плакать

stroke

гладить

comb

причесывать

talk

говорить

understand

понимать

ask

спрашивать

listen

слушать

drink

пить

eat

кушать

tidy up

наводить порядок

love

любить

cook

готовить

drive

ехать

fly

летать

sail

ходить под парусом

calculate

считать

read

читать

learn

учиться

work

работать

marry

вступать в брак

sew

шить

brush teeth

чистить зубы

kill

убивать

smoke

курить

send

отправлять

grandmother
бабушка

grandfather
дедушка

father
папа

mother
мама

baby
младенец

daughter
дочь

son
сын

guest

гость

aunt

тетя

uncle

дядя

brother

брат

sister

сестра

forehead
лоб

eye
глаз

shoulder
плечо

finger
палец

face
лицо

chin
подбородок

hand
кисть

breast
грудь

leg
нога

arm
рука

baby

младенец

man

мужчина

woman

женщина

girl

девочка

boy

мальчик

head

голова

back

спина

belly

живот

belly button

пупок

toe

палец ноги

heel

пятка

bone

кость

hip

бедро

knee

колено

elbow

локоть

nose

нос

bottom

ягодицы

skin

кожа

cheek

щека

ear

ухо

lip

губа

mouth

рот

tooth

зуб

tongue

язык

brain

мозг

heart

сердце

muscle

мышца

lung

лёгкое

liver

печень

stomach

желудок

kidneys

почки

sex

половой акт

condom

презерватив

ovum

яйцеклетка

semen

сперма

pregnancy

беременность

body - тело

menstruation

менструация

vagina

вагина

penis

пенис

eyebrow

бровь

hair

волосы

neck

шея

hospital
больница

ambulance
машина скорой помощи

wheelchair
кресло-каталка

fracture
перелом

doctor

врач

emergency room

пункт первой помощи

nurse

медсестра

emergency

неотложный случай

unconscious

без сознания

pain

боль

injury

повреждение

bleeding

кровотечение

heart attack

инфаркт

stroke

инсульт

allergy

аллергия

cough

кашель

fever

овышенная температура

flu

грипп

diarrhoea

понос

headache

головная боль

cancer

рак

diabetes

диабет

surgeon

хирург

scalpel

скальпель

operation

операция

hospital - больница

CT

КТ

x-ray

рентген

ultrasound

ультразвук

face mask

маска

disease

болезнь

waiting room

приёмная

crutch

костыль

plaster

пластырь

bandage

бинт

injection

укол

stethoscope

стетоскоп

stretcher

носилки

clinical thermometer

термометр

birth

рождение

overweight

избыточный вес

hearing aid

слуховой аппарат

disinfectant

дезинфекционное средство

infection

инфекция

virus

вирус

HIV / AIDS

ВИЧ / СПИД

medicine

лекарство

vaccination

прививка

tablets

таблетки

pill

противозачаточная таблетка

emergency call

экстренный вызов

blood pressure monitor

прибор для измерения кровяного давления

sick / healthy

больной / здоровый

Help!

Помогите!

alarm

сигнал тревоги

assault

нападение

attack

атака

danger

опасность

emergency exit

запасной выход

Fire!

Пожар!

fire extinguisher

огнетушитель

accident

несчастный случай

first-aid kit

аптечка

SOS

SOS

police

милиция

Europe

Европа

North America

Северная Америка

South America

Южная Америка

Africa

Африка

Asia

Азия

Australia

Австралия

Atlantic

Атлантический океан

Pacific

Тихий океан

Indian Ocean

Индийский океан

Antarctic Ocean

Антарктический океан

Arctic Ocean

Северный Ледовитый океан

North Pole

Северный полюс

South Pole

Южный полюс

Antarctica

Антарктика

Earth

земля

land

суша

sea

море

island

остров

nation

нация

state

государство

clock face

циферблат

hour hand

часовая стрелка

minute hand

минутная стрелка

second hand

секундная стрелка

What time is it?

Который час?

day

день

time

время

now

сейчас

digital watch

электронные часы

minute

минута

hour

час

Monday / понедельник — MO
Tuesday / вторник — TU
Wednesday / среда — W
Thursday / четверг — TH
Friday / пятница — FR
Saturday / суббота — SA
Sunday / воскресенье — SO

yesterday

вчера

today

сегодня

tomorrow

завтра

morning

утро

noon

полдень

evening

вечер

MO	TU	WE	TH	FR	SA	SU
1	2	3	4	5	6	7
8	9	10	11	12	13	14
15	16	17	18	19	20	21
22	23	24	25	26	27	28
29	30	31	1	2	3	4

business days

рабочие дни

MO	TU	WE	TH	FR	SA	SU
1	2	3	4	5	6	7
8	9	10	11	12	13	14
15	16	17	18	19	20	21
22	23	24	25	26	27	28
29	30	31	1	2	3	4

weekend

выходные

rain
дождь

rainbow
радуга

wind
ветер

snow
снег

spring
весна

autumn
осень

summer
лето

winter
зима

weather forecast

прогноз погоды

thermometer

термометр

sunshine

солнечный свет

cloud

туча

fog

туман

humidity

влажность воздуха

lightning

молния

thunder

гром

storm

буря

hail

град

monsoon

муссон

flood

наводнение

ice

лёд

January

январь

February

февраль

March

март

April

апрель

May

май

June

июнь

July

июль

August

август

September
....
сентябрь

October
....
октябрь

November
....
ноябрь

December
....
декабрь

shapes
формы

circle
....
круг

square
....
квадрат

rectangle
....
прямоугольник

triangle
....
треугольник

sphere
....
шар

cube
....
куб

white
белый

yellow
желтый

orange
оранжевый

pink
розовый

red
красный

purple
лиловый

blue
синий

green
зелёный

brown
коричневый

grey
серый

black
черный

a lot / a little

много / мало

angry / calm

яростный / мирный

beautiful / ugly

красивый / уродливый

beginning / end

начало / конец

big / small

большой / маленький

bright / dark

светлый / темный

brother / sister

брат / сестра

clean / dirty

чистый / грязный

complete / incomplete

полный / неполный

day / night

день / ночь

dead / alive

мёртвый / живой

wide / narrow

широкий / узкий

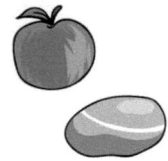

edible / inedible

съедобный / несъедобный

evil / nice

злой / дружелюбный

excited / bored

взволнованный /
скучающий

fat / thin

толстый / худой

first / last

сначала / в конце

friend / enemy

друг / враг

full / empty

полный / пустой

hard / soft

твёрдый / мягкий

heavy / light

тяжёлый / легкий

hunger / thirst

голод / жажда

sick / healthy

больной / здоровый

illegal / legal

незаконный / законный

intelligent / stupid

умный / глупый

left / right

слева / справа

near / far

близко / далеко

new / used

новый / подержанный

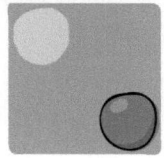

nothing / something

ничто / нечто

old / young

старый / молодой

on / off

включено / выключено

open / closed

открыто / закрыто

quiet / loud

тихо / громко

rich / poor

богатый / бедный

right / wrong

правильный /
неправильный

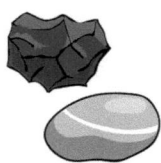

rough / smooth

шероховатый / гладкий

sad / happy

печальный / счастливый

short / long

короткий / длинный

slow / fast

медленный / быстрый

wet / dry

мокрый / сухой

warm / cool

тёплый / прохладный

war / peace

война / мир

opposites - противоположности

0

zero

ноль

1

one

один

2

two

два

3

three

три

4

four

четыре

5

five

пять

6

six

шесть

7

seven

семь

8

eight

восемь

9

nine

девять

10

ten

десять

11

eleven

одиннадцать

12	**13**	**14**
twelve	thirteen	fourteen
двенадцать	тринадцать	четырнадцать

15	**16**	**17**
fifteen	sixteen	seventeen
пятнадцать	шестнадцать	семнадцать

18	**19**	**20**
eighteen	nineteen	twenty
восемнадцать	девятнадцать	двадцать

100	**1.000**	**1.000.000**
hundred	thousand	million
сто	тысяча	миллион

English

английский

American English

американский английский

Mandarin Chinese

мандаринский китайский

Hindi

хинди

Spanish

испанский

French

французский

Arabic

арабский

Russian

русский

Portuguese

португальский

Bengali

бенгальский

German

немецкий

Japanese

японский

I

я

you

ты

he / she / it

он / она / оно

we

мы

you

вы

they

они

who?

кто?

what?

что?

how?

как?

where?

где?

when?

когда?

name

имя

behind

за

in

в

in front of

перед

over

над

on

на

under

под

beside

рядом

between

между

place

место